JN410631

빗물은 고랑을 타고

금 동 춘 시인

도서출판 조은

시인의 말

어느 날 산을 오르다 등산로에 빼곡히 박힌 돌들을 밟으며 어린 시절 고향의 밤하늘을 수놓던 별들을 연상한다. 유난히도 까만 어둠을 총총거리던 서늘한 빛의 정감이 새록새록 피어나 북두칠성 사자별자리를 두리번거리며 마음의 평온을 가룬다. 더러는 계곡물에 놓여 아낙들이 빨랫감을 태질해 때를 벗겨내듯 물살을 갈라 물의 혼탁을 털어내어 맑은 물로 되돌리는 공생공존의 본질이 부딪치고 깨어지는 아픔이라는 것을 새겨듣는다.

서로의 다름을 인정하지 않는 편협함이 인정도 돈으로 사야만 안심이 되는 세태, 보릿고개를 허리띠 졸라매고 허기를 달래며 이웃 간에 떡 한 조각, 나물 한포기라도 아낌없이 나누고 부족한 것 빌려주고 빌려 쓰는 이웃으로 인정 넘치던 시절의 삶이 너무도 그립게 다가온다.

물질문명의 발달이 "우리"를 "나"라는 울타리로 좁혀놓은 소통불능이 욕망 지향적 인간관계를 만들었다. 그 후유증은 지구 온난화를 불러 불규칙한 기류 흐름을 조장하여 지구 곳곳을 돌아다니며 기상이변을 불러와 걷잡을 수없는 혼돈으로 밀어 넣고 있다. 멀지 않아 방독마스크를 쓰고 물과 산소는 공장에서 생산하여 사먹어야 되는 일상이 되지 않을까 가슴 두근거리게 한다.

늘어나는 인구밀도에 따른 먹을거리 해결을 위한 산업구조의 변화 요구는 어쩔 수 없다 해도 물질만능의 과한 욕심이 경쟁을 치열하게 하여 욕망의 충족 비율만큼 빠르게 우리의 삶터도 망가지고 있다는 이면의 아픔도 헤아려 보아야 할 것이다.

처음 세상에 왔을 때 엄마 젖 하나면 흡족하던 그 마음으로 돌아가 출근길에 무심히 스치는 눈길이 이웃사람에게 눈인사를 나누고 담벼락에 붙은 무명시인의 시 한 구절에 애증의 미소를 지을 수 있는 삶의 여유로움이라면 얼마나 좋을까

이제부터라도 만물은 한 뿌리라는 자연의 이치를 존중하며 욕망에서 벗어나 바름으로 더디 살며 큰 것보다는 작은 것에서, 가득 채운 것 보다는 비워서 허술하였던 것들을 눈여겨보는 참의 삶을 챙겨야겠다는 생각을 간추리며 나의 시가 그런 곳에 머물기를 바란다.

차례

봄의 아장다리

아침의 소리

아악– 아악
어둑새벽 코골이는
덜 깬 아침이 꿈틀거리고

꼬꼬우– 꼬오—
먼 종소리는
구린 번뇌를 가라앉히네.

자박거리는
뱁새 촉새들의
하늘사랑 독송이 여물어가는
긴긴 여름 밤 혼신의 기도는
매암매암 매–
끝도 없이 은혜로운데
영문 모르는
고단한 개는
뭘뭘뭘
연신 아멘을 아뢰네.

덜그렁 덜컹
살았음의 벌떡거림들이
동녘을 일으키는 이 아침에

봄의 아장다리

아장아장
앙증맞기도 해라.

엄마 젖 냄새 사방에 흘리며
손 짚고 일어나
탈래탈래
웃는 아가야
밖앗 볕이 차가운데
살결 그리 보드랍고 고와
억센 저 바람이
모래알 볼따귀로
부빈다면

저 여린 연록
앙앙
피멍들 텐데.

봄맞이

빠른 우편에 묻어 온
봄볕 한 줌
꽃샘으로 덜어
고개 숙인 이들 눈치 안 들게

빗이 빛으로 드는 그날까지

기쁨과 들뜸을 억제하여
미움을 걷어 낼
시간을 벌어 주자

굳은살 박힌 저 눈덩이들
다 녹아내릴 때까지
함께 흡족하여
한 다발로 어우러지게
이 봄을 맞자.

봄의 옹알이

거무티티
애린 겨울을
온 몸으로 받아내는
나목의
갈라진 잔등에
꼬르륵
잔설을 밀키는
옹알이가 기운차다.

맹맹한
설기雪肌바람을 견딘
풀씨의 옹찬 기운이
겨우내
헐겁해진 내 힘줄을 당겨
용천 꿈을 싹 틔웁니다.

무진 세월

꽃샘 추위
쿨룩거리는 담 모퉁이
볕 한줌 쪼아 먹고
호호 까불어
꽃으로 피었지요.

비렁뱅이 "똘" 자 뇽박 수며
똥두칸 드나들 듯
벌나비는
들랑날랑
내 꿀단지 거저 가져갔지요.

"똘"자 설움
짊어지고 가자니 서럽고
개명론은
답이 아니라는데.

골다공증의 수모
류마티스의 설움

땅 속으로 땅 속으로 기어드는
7전 8기 한 평생

똘
그것이 무어라길래.

봄의 몸짓

꽃바람
아직인데
한 무리
돌개바람이 회를 친다.

동생의
개궂임에
언니의 엉거주춤이
퉁기는

더디 오는
봄의 느슨함을
조여 주는
가없는 자매의 깔깔거림이

시린 뜰을 가르며
움츠린
꽃샘추위를
발갛게 덥히네.

봄의 색

백치 세상
심심한 막대하나 그어
운치 있는
가지 몇 늘어뜨려서

마음 가는대로
필 가는대로
점을 찍어
움을 틔웁니다.

얼음 속
상춘의 개울 물소리에
뭇 생명들
세상 밖으로 얼굴 내밀다
호된 꽃샘추위를
서둘러 여미는
진객들의 파리한 얼굴들

저 멀리
어우러지는 물오름은
노르소름
포르소름
짙어 오네요.

봄 볕 속으로

따뜻한 봄기운을 주체할 수 없어
발바닥 부르트도록 무작정 걸었지요.

밋밋한 동네를 벗어나
종로의 깊은 빌딩숲으로 들어갔습니다.
신문 한 장 좌판에 펼쳐놓은
달래 냉이 쑥 두릅 가진 봄나물들
할머니 잔주름에 버무린 애증이
쌉싸롬이 입맛을 당기네요.

여기저기 봄꽃들
들뜬 마음을 유혹하며 바지랑을 잡네요.
못 이기는 척
작은 허브 꽃 하나
구린 입 속이라도 헹굴까 하고 샀지요.

도롯가
문 걸어 잠근 폐가들

쇳소리 채릉거리던
어릴 적
소갈머리 여직 바루지도 못했는데
부모님 아니 계신
흘빈한 이 가슴이 어찌나 스산한지
지난 세월의 회심을 비벼서
종로에서 신설동 마장 장안평을 지나
천호대교를 굽어보는
물집 잡힌 발의 고통은
봄꽃보다 더 환하였더이다.

봄의 성찬

물안개 자욱한 봄 들녘에 퍼질러 한상 훔치나니
이 빠진 묵사발이라도 좋고 찌그러진 양은냄비면 어떠랴.

곰보딱지 보리밥에
갓 뽑은 열무 상추랑 깻잎 어석어석 잘라 넣고
울 너머 과수댁 쪽파 정구지도 한 움큼 얻어 넣고,
겨우내 눈밭에서 뒹군 시금치 삼동초
뒷산 원추리 진달래꽃
앞 개울가 능수버들 한 잎도 곁들이고
며느리 설움 한 방울 뚝 떨어뜨려서
울렁 가슴을 진정시키고,
잘 삭은 된장, 고추장도 한 숟갈 푹 떠서
애오라지 강물에 정선아리랑 한 곡 비벼주면

백두대간 어디쯤 맨바닥 엄동을 등 대고
보릿고갤 짊어지고
쟁기질이 우릉이는
올림픽 월드컵 인공위성 영화 드라마 야구 수영 체조 골프

수도 없이 자아올리는 한류의 불꽃
세종대왕이 만들고 세계인이 부러워
강남스타일로 격동하는 세계 으뜸 글 한글창제가 벅찬
시앗 육정이 몸비듬치는
억장 문드러지는 고초당초 그 맛일런가.

진달래꽃

여린 너의 볼따귀
살짝만 스쳐도 상처날 것만 같아
바라만 보았지

하낫 둘 선창에
셋넷 후렴하는 입학식 대열
열 밖으로 삐져나와
개나리반 줄에 서던
그 아이

이 봄이 아직은 천방지축이라
꽃샘이 시려도
생글거리는 네 모습은

어디에 서던
채색하여 봄을 보드랍히는
진달래 꽃 아니겠니.

호야꽃

내가 비누칠을 하는 동안에도
수돗물은 흘러내렸고
잠든 사이에도
TV는 저 홀로 돌아갔다.

고독이 석화되는
절뚝이는 내 삶의 애증들이
개숫물로
그냥 그렇게 흘러간다.

꽃이 진 매듭에는
다시 꽃을 맺지 않는다는 속설이
얼마나 구성 진지
내 알량한 영성이 연신 개웁는다.

꽃잎 떨어진 자리에
허허실실의
바래고 버려지는 것들 지워내고

한 번 더 피는 꽃
네 있어
내 생전이 껄껄거리네.

제라늄꽃

작은 꽃송이들
눈 맞춤 하는
재잘거림들이 초롱거린다.

저 먼저 돋움 하려하지 않고
함께 어울러 피는
꽃송이의 갸륵한
정 붙임이

한 얼의
가슴에 불을 밝혀
장터가 시끌벅적한
생동을 공감하고

비좁게 끼여 살며
살 냄새 비린 윤기를 뿜어
이토록 오래
반지르르 하네.

유혹

길을 가다
네 고혹한 눈웃음에 홀려
두근거림으로 껴안은 너

맨 숭한 날
말초신경을 흔들어
메마른 육정을 일렁이게 하네.

네 살 냄새는
얄궂어도
황사바람에 휘둘리는 가슴
깊숙이 파고들어
생물적 희열로
시큰거리는

삼백 예순 날이
종일
발그레 발그레
재라륨꽃이
웃고 있네.

할머니의 헌금

팔순 할머니
파지 몇 장 손수레에 싣고
앞섰다 뒤섰다
끈끈한 정이
누가 누굴
위로하고 의지함이런가

얼추 30 년 지정
머리 굴리는 자식놈보다
마음 편하다시네.

굽은 허리
뜨끔거려도
파지 몇 장 끌 힘은 괜찮으신 듯
한짐 실어 판 돈
두 손 모아 헌금으로 올리시니

내 눈에
고이는 눈물은
할머니가 주시는 헌금일세.

하숫물 소리

하루살이가 시작되는
덜 깬 출근 길
하숫물 소리가
덜깬 선잠을 깨운다.

졸졸졸
촬촬촬
부딪치고 부서지는
좁고 긴 여정의
피울음들

처절해질수록
더 개운해지는
물의 혜안이
하루의 아득한 심상을
청량하게 일으킨다.

믿음의 덧셈법

이스라엘 사람 아브라함은
사랑하는 아들을 하나님께 제물로 올렸다
이삭은 그 아버지를 순종하여 믿음을 샀다.
예수님은
십자가에 못 박혀 죽으신 목숨 값으로
부활을 얻으셨지요.

나는 오늘도
기도를 드립니다.
요즘 하나님 주머니가 궁색하신가.
내가 숨 쉬는 공기는 모래 먼지로 텁텁하고
그나마 석유찌꺼기가 잔뜩 끼여 불량품이 태반이지요.
비를 달라고 하면 홍수지고
바람을 달라고 하면 태풍이 우당탕거리고
햇빛을 달라고 하면 벼이삭은
쭉정이 뿐이랍니다.

태초에
하나님은 내게 믿음으로 소망하라 하셨거늘
내 믿음의 꼭지
틀면 뜨겁고
조이면 차가워서 조절이 안 됩니다
이 몹쓸 놈이
나무 늘보도 온 힘을 다해 평생을 붙잡는데
무어 하나 잡은 것도 없이
언감생심 부귀영화를 투덜거립니다.

십자가의 부활

부글거리는 쇳물이 용광로를 뛰쳐나와
머리 풀어 날뛰던 날
이 땅의 죄가 고삐 풀렸습지요.

형틀은 음침한 춤을 너울이며
하늘도 땅도
이 길이 유일한 관문이라 현혹했지요.

욕망이 선민들을 우롱하는
통제 불능한 이 땅에
믿음 소망 사랑의 등불을 든
거룩하신 한 분이 오시었지요.

마음이 가난한 자에게는
가슴을 내어주시고
"죄 없는 자 이 여인을 쳐라"시며
죄의 경종과 용서를 깨우시고
하나 둘 셋

끝도 없는 거짓을 말하는 저들을 위해
대신 십자가 형틀에 못 박혀 피 흘리시며
"주여!
어찌하여 나를 버리셨나이까" 크게 외치시더니
그날에 십자가의 천국 문은 열리고
어린 양들을 인도하시려고
다시 오신 임이시여

내가 주님을 믿습니다.
내가 주님을 소망합니다.
내가 주님을 사랑합니다.

효용은 내 뜻

지팡이에
셈의 공식 있지요.

사도 모세가
받은
지팡이는
전지전능의 백과사전 하드웨어였지요.

하나님은
창조의 자리에
사랑의 지팡이를 심으셨나니
꾀꼬리에겐
거미줄에 옥구슬
장돌뱅이에겐 메밀 꽃 필 무렵
노동자에겐 나무꾼과 선녀

아무것도 받은 것이 없다
자음 모음 가실이다.

금도끼와 쇠도끼 갈래를 머뭇거리는 자여
달리는 차 바퀴에 지팡이를 넣는
너는 누구냐.

죽록정竹綠亭의 눈물

죽록정 현판위에
흰옷 곱게 차려입으시고
이날 따라
종일 내리는 비는
정자 마루에 단정하신
님의 사랑입니다

눈망울도 초롱초롱한 아이들이
미래의 꿈을 꽃망울 피우던 아이들이
가만있으라는
그릇된 가르침을 믿었던 아이들이

수장된 세월호의 방안에서
구명복의 덫에 걸리고
엄중한 말씀의 덫에 걸려
생멸의 피울음으로 쓰러져야 했던
인재人災

님께서도 현판에서 내려와
속죄의 가슴을 단정하시어
사미인곡 속미인곡 가사에 실어
눈물 흘리시니
송강도
철철철
넘칩니다.

삭은 신

오랜 세월
신발장에 은거하여
장좌불와 깨우침에 들더니
어느 봄 날
반나절 나들이에
철퍼덕 닦은 도력도 무색하게
무릎 꿇고 마네

칡넝쿨 둘둘
억새풀 칭칭
얼기설기 돋움는
이 또한 공덕 쌓기라네.

차라리
시궁창을 밟더라도
백두대간 등뼈 하나 발랐더라면
이 좋은 날
먼지 진드기에 생으로 뜯어 먹히는
수모는 아니 당할 것을

4월의 분내

꽃샘 오르내리는
솔깃한 분내를 히죽거리다
새그라움 덧나

벗어 불라
입어 불라
어름 살이 시어맬라

진달래 꽃
삐약삐약
허허 로이 비집으면

그려러니
그려러니
사는 게 그러려니
꽃물 그득 화답 는다.

오늘이 무죄

어느 날
세상동산에 봄놀이 와서
해적선을 타고
앞으로 솟아오를 땐
뒤로 뒹굴을까 앞으로 숨죽이고
뒤로 밀려날 땐
앞으로 자빠질까 뒤로 뻐팅기는
감원 풍랑에
발가락을 곱질렀다.

비킬 수도 비울 수도 없는

나는 아닐 거야
강한 부정의 애달픔이
죄 지은 것도 없는 죄인으로
미워할 수도 없는 미움으로
납작 엎드린다.

먼 훗날 줄기세포에 흔적 할
오늘의 명경지수
우문우답이 비틀거린다.

빗물은 고랑을 타고

한 줄기 빗물이
첫 발 딛는 거기
그 땅의 생김새로
한 주름
두 주름 땀샘 접어 가리라.

솟구치는
객기를 고소공포증 난간에 달고
졸졸거리는
소갈머리 헤집어서
똥 귀저기
땟국물 다 털어내어

솔방구리 말똥구리
헐은 상처
햇살 한 줌 발라주고

첩첩 산중 물이
망망대해를 거느리듯

낮 뜨거운 몰염치
뿔난 옹벽도
거칠게
으깨리라.

어울 장터

바위틈 한줌 흙에
광대뼈 불거진 너와를 짓고
숭숭한 돌담 쌓아
창생으로 뻗는 고랑을 내자

홍길동 일지매 임꺽정
강감찬 김유신 계백 삼천궁녀
한단고기 태정태세문단세
물에 배이고 바람에 차여
등이 휘는
배달의 억센 풀아

재 너머 재를 넘고 또 재를 넘는
백두의 겨레가
가나다라마바사아자차카타파하
아야어여오요우유으이
맛을 내는
돼지국밥 한 그릇이 뜨끈거리는

육자배기 각설이가
얼럴럴
사람냄새 톡 쏘는
아리랑장터로 가자.

휘오리 휘오리
불효자 옹가슴 풀어내고
무정 밭 꽃사슴 아내
가심이라도 하게
고등어 한 손
사자

엄마 사랑해

하얀 그늘

칠월의
불덩이가
검붉게 지글거리던 날

사내는
종일
땡볕을 받치고 서서

후줄근히
흘린 삯으로

이마에
하얀 에어컨 줄 하나
들이네.

물방울

비 그친
빨랫줄에 가지런한 물방울들
앙증스러운 조막손
엄마 젖 조몰락이다
어느 새 새근새근 잠이 들고

처마 밑에는
봄을 여는 고드름이
볕바르기에
하루해가 저문다.

물정모르는
또 하나의 어른으로 살아가야 할
여린 날개들

한 때의 바람을 따라
주르륵
난간을 떠나네.

빗줄기

파란 비닐우산 살을 타고
아랫도리를 철벙거리는 빗물을 피해
어느 처마 밑 새앙 쥐로
다 드러난 여심을
힐긋거리던 날

할부지는 볏짚 우장 쓰고
귀한 삯 소 비맞을랴
다랑 논 물길 터줄랴
배창시 맨살 다 내주었지

떠오르는
그리움으로 남은

여느 남정네의
숭한 열 자식 지어미로 살
원색의 갈증이
아른거린다.

물의 화음

찰랑거리는
저 물결
가슴 저릴까 봐
비스듬히 받아내는
둑의 갸륵함이

가파르게 부딪는
아픔을 보듬으려
하얀 속살을
거품 풀어내는

저 소리는
사랑의 된 소릴래.

성형 연가

오뚝한 코
봉긋한 가슴
실리콘의 탱탱한 발상은
애교롭더니

급속한 지구온난화의 부음이
발라내고 끼워 넣는
추상적 한계까지도 넘는
탐미적 외형주의가

자아를
통째로 바꾸는
개똥별 줄기세포와 전자 칩의 동침은
혼외정사의 창생까지도 뻗쳤으니

태생적임을 역습하는
"예뻐야만 산다"
는 정론이 허구라는
진화와 창조
그 모호성이 공생을 나누자네.

그리움의 주소

외나무다리
난간에
다리 늘어뜨리고 앉아
꿀렁거리던 순둥이

검정 고무신 벗어들고
물그림자 포박 해
새끼 피라미 한 마리 퍼 올려
깔깔거리던 딱정벌레들
문득 생각나네.

오늘 나
산 구릉 끝머리
한적함이 전부라서
툭 툭 개암 떨어지는 소리에
경기 일으켜 오줌 지린 굼벵이 사연을
솔바람 한줌 얹어
개울가 너럭바위 구름 가는 곳에 두네.

주소는 오매불망
소식 닿으면
아마도 까치 한 마리 자넬 찾을 걸세.

서툰 농심

새싹의
첫 정을 교감하여
감미로움을 가슴 붉히는
잎의 푸른 총명
줄기의 혈맥은 하늘을 뻗쳤지요

벌 한 마리들일 수 없는
아파트 난간
꽃은 피었으나
열매를 맺지 못하는 삶의 몸부림을
붓끝을 부드럽혀 달라는
신방규범으로 알아들었지

숫잠자리 날개에
노란 호박꽃술을 칠하여 암 잠자린 듯
눈 흘김을 했던 나나
암술 속에 수술 있다는 교활에 빠져
암꽃의 경외감을 헤침이
잠자리들의 반란이었거나

여주 암꽃술을 암꽃술로 합환하는
생채교란
내 감히 하늘을…

공존의 셈법

평등한 진리를 외침이여!
정각한 표본이
또 다른 부정의 칼날이 되어서는
아니 되네

물의 탯줄이
위로 솟구치지 않고
낮은 곳을 지향할 때

모난 곳에선 갈라서고
필연코 다시 모아지는
하나를 지향하는
슬기로움이었다는 것을

우리
그래야
함께 모여 살 수 있음을
잊지 않았음 좋겠네

여름 피서

저 높은 산봉
종일 구름 드리웠구나.

희뿌연
민생에
후련한 십계명이라도 쓰려나.

창문에 웅웅거리는
산봉 바람은
메모지에 깨작깨작 털어 놓은
내 화끈거리는 외로움을
자음 모음 섞어서
심술궂은 낯짝 모난 가슴
휘-휘 저으시며

옜다,
올 여름 피서
주시네.

손톱에 낀 때

나 어릴 때
코딱지처럼 붙어 다니던 까만 때
그동안 얼마나 대롱거렸으면
화분 흙 하나 갈아 주지 못하는
빠듯한 삶이었나. 헤아려보는
잃어버린 동심의 파닥거림이
여직 손톱 밑에 웅크리고 있음을 보네.
밀서리 감자서리로 애태워서
콧구멍까지도 까맣던
그 개구짐으로 바지런을 떨며
허기진 물 트림으로 펴 올리던 날들이
살찐 병을 타박하는 포시라움에
손톱에 색동을 입히고
흙이 허하다는 헛된 망상에 젖어
다 짜먹은 찌꺼기를 화분에 얹어 준
연민의 가당찮음으로
된통 몸살을 앓게 하였으니
흙을 갈아주는 부산함으로

잠시 자정을 돌아보며
땡볕 그 너머를 가꾸어야 할
손톱 밑의 때가 일러주는
지저분이 까맣다는 색의 거칠음을
몸 사리지 않는
역동적 삶의 지계를 깨운다.

민둥산 회심

파닥거리는
새가슴에 산을 포갭니다.

잣방구리 개암이
툭툭 영그는
청빈한 외솔 골
바람이 어르다
애기똥풀에 잠이 스는

더덕 도라지도
더러 횡재하고
고래 백상어가 펄떡이는
그 산이
빽빽함의 덫에 갇혔다.

오늘
한 모금 해갈의 분량만큼
풀밭에 누워 파란 하늘에

풍덩 날개 펴는
민둥산
그 산이 그립다.

여름나기

치근치근 달라붙는
골방의 삐질 거림을 말리려
하나뿐인 외통의
작은 창문을 열었다

낮은 곳으로
몰려다니는
수작들이 밀려들어
고막을 찢는다.
오래된 게움질도
역겹게 딸려온다
창문을 닫고 선풍기를 틀었다

잠시의 행복은
텔레비전 선풍기의 쟁쟁거림으로
해발 8000m 어름의
발작을 일으킨다.
선풍기를 껐다
TV도 껐다.

땀 투정이 심사가
역지사지를 허우적 거리다
여름 화두
"몽롱"에 들어
참 진리라 깨친다.

산길에서 만난 친구

중허리 삐뚜룸 누운 길가에
다람쥐 한 마리
자동차 굉음에 놀란 가슴 움켜쥐고
발발 떨고 있다.

내 앙큼한 호기심이
어서 건너라 등 떠밀어도

허리 잘록히 여민
영특한 생각이라도 하나
두리두리
탄탄을 살피네.

시방이 적막이면 유유자적 다는 선가仙家는
황사바람에 매몰되고
소리 작은 것이 더 매정하다는
손끝 수군거림이

저 음습한 인간
죄업을 내 어찌 방관하랴
돌아서는
단호한 회군결미回軍結尾가
내 망연한 허虛를 치네.

횡단보도의 소상

횡단보도에 멈추어선
점의 이음새들
하품이 늘어진다.

생뚱맞은
소금쟁이의 추임새에
정한의
물그림자가 술렁인다.

목줄 맨 애완견은
졸졸
휩쓸리는 달무리는
술렁 되물린다.

다시
고요가 깃든
공생의 현상들
무심으로 깊어간다.

늦은 후회

대팻밥으로 깎이는
내 할애 받은 시간들
먼 산 바라기로 녹슬어
푸석거린다.

고갯마루 나무는
드센 바람의 토악질에도
흥을 돋워
가지 몇 뚝 잘랐어도
노익장이 웅장하다는데

내 자유로움이
무어 부족하여
멈칫거리기만 하나

험한 빙산 거센 풍랑 까짓 거야
소잔등에 올라
원앙소리 쩌렁쩌렁
고삐 움키면
내 비곗살도 헐거울 것을.

한세상 접어 보니

종이 한 장 펼쳐놓고
몇 글줄 쓰다 말은 빈 공간
아쉬움을 접어
접이 중턱쯤에 아름드리 숲을 드리웠습니다.
아슬아슬한 길
털털거리는 차를 몰고 산중 공기를 가르니
에우는 된바람은
가슴에 고인 눈물콧물을 사정없이 쥐어 짜
뼛속까지 후련케 합니다.

이름 모를 민꽃은
도회에 나가
깨진 시멘트바닥 틈새를 겨우는
자식 놈 소식 어쩐가
살강이는 몸짓이 애잔하고
쥐방구리새는 지랄 맞은 놈 왜 히죽거리누
나라살림 나라안위 이런저런 불안한 속내를
서성이고

급살맞은 계곡물은 열 자식 낳은 지어미처럼
시도 때도 없이 끙끙 앓아쌌는구나.

부딪치고 자빠지고 떠다 박히고
너나 나나
살음이 꿈틀 이라는 음운을 가다듬는
풀잎 씹는 입방아는 시쿰털털
만감이 회차하는 오늘은
이 맛.

고추잠자리

여자는
염천에 도진 시커먼 쓰잘대기를 죄다 끄집어 내
살강을 부여잡고
이탓저탓 만시지탄 홰를 치고
야심한 개는
동구 밖 이스름을 으르렁댄다.

상머슴 아재는
받은 새경 술사에 노름빚으로 죄다 거덜 내고
허무의 갈지 자를
줄기찬 빗소리로 게우며
객잠의 시린 뼈마디를 움켜잡고
곧 올 먹장구름을 탄식하며

여자의 탓 사가 도질까
문밖에서
눈을 뜨고 즈믈즈믈
잠을 잔다.

얼룩

산이라고 다 시푸르더냐.
야생으로 산다는 것이
별 쟁탈전이 어지간해야지
나 같은 풀대기야
낭구네들
구린 방귀냄새만 치다꺼리하다 누렁개비 져
엄동설한에야 겨우 별 좀 보는 것을
비린 낭구들
뱃속 기름 철철 넘친다고
우리 같은 섬섬옥수로 트림질을 하고.

잇속 가시는 소금질에
갯개불 허리 한 번 펴려다가
단숨에 목줄 죄어
하우스산 자연산 파벌 따져 자시더니
민심 흉흉하다
어따 대고 막말인지

공존 공생이
인면수심 하고 유아독존 하는
도륙의 어록이런가.

빌려 준 이름 석 자

만년설산이 흐믈거리는
경제 한파의 피 냄새는
생으로 고아지고 있었지요.
은행 돈 꿔 줄때 가져 간
이름 석 자는
우울증 망령으로 돌아와
벽촌으로 내 몰려서
천근 추는 밤낮없이 철렁거려
새가슴으로 살았지요.

사슬의 법칙은
잉여의 셈법 어찌나 촘촘하던지요.
황사바람이 던져 준 핑크 빛 종이 한 장
혹여 사랑의 연서려나 하였지요.
그건 공포의 스토커였답니다.
정보화기의 뜨거운 화염에
부풀은 물집
'법원' '최후통첩' '채권추심 명령서'

가슴 오그라들었지요.
그래도 못 갚은 죄인이라
할딱거렸지요.
그랬더니
내 금융정보를 죄다 뒤져
카드 쪽쪽 정지 말뚝을 박아버렸답니다
서러울 건 없지만
인생살이 고스란히 신용불량이라
노비 한 푼 없는 구천 길은
또 어이 가야 할런지요.

정신 병동

어머니 사랑
벽안에서 피울음 낭자한데
병동 주인은 꿈적도 않네.

기막힌 사연이야
흔히 있어왔던 컹컹거림이더라.
측은한 주사 한 대는
다 내려놓으라는 삭발법문이었네.

낳은 어미도
생존의 미끼일 뿐이라는
칙칙한 쇠고랑
사방에서 철컹거리는데
법 앞에 평등하다 어느 말씀

가둔 보호자는 임금님법
병원장 배부른 종자법에
사설감옥소 있다네.

입법 너마져 능수버들
쥐도 새도 모르게 휘어지는
이 나라가
법치의 나라.

병상의 의지

당당한 그 활변活辯의
못다 한 지론은 어찌하고
낯선 동공으로
스쳐 지나는 삭풍을 힘겨워하는가.

들풀을 사랑하며
노들의 바람으로
백두의 등짝을 으르렁거리며
허허실실의 진리를 행동하던 동생
그 잘난 오뉴월의 조용한 밤 그늘에서
한 조각 핏덩이를 흘러내리지 못해
구차한 좌반신을 힘겨워하는가.

좌절을 지우고 일어서야 하네.
잊지 말게 30년 전 참담했던 기억
암세포에게 위장을 송두리째 바치고도
결코 굴할 수 없었던 치유의 믿음을
억겁 년의 파고가 밀려온다 해도

결코 놓지 말게
그 믿음이 오늘 절대 필요하다네.

오뉴월 잎새는
갈증 난 폭염이 갉아 먹은
반쪽으로 살아서
저리도 푸르게 나부끼는데.

손자랑 잠을 잔다

이놈
어찌나 들척거리는지
뒤척일 때마다
할아비 얼굴을 쥐어박아요.
반반한 눈가림을
철석 이는 저 파도는
1초의 허를 어느새 가로 채는지.

밤을 새워
이제나 연평도
저제나 이어도
독도엔 언제나일까
패착지점을 조마거렸지요.

해가 뜨면 부유할
굼뜬 할애비 회춘을 일갈하는
사랑의 멍 자국
참 행복의 흔적이지요.

엄마 사랑해

사랑을 보채다
가을비에 젖은 아이는
콜록콜록
등굣길이 주룩거렸다.

종일
또박또박 가시 발라
삐뚤삐뚤 쓴

「엄마!
회사에서 힘들지
엄마가 기분 좋아야 나도 기분 좋아
나 매일 엄마 마음속에 있어
엄마 곁에 있을 거야
엄마 고마워요. 뽕~」

딸 채린이가(신구초등 1학년)

반성문 한 장
살며시 엄마 손에 쥐어주네.

손주의 온기

히히히 해해해
오빠! 내 꺼야.
아니야, 내 꺼야.

사방에 흩날리던
어른거림 들은
개여울을 깨우는
봄볕이었고
역동하는 꽃바람이었지.

보람찼던
지글거림의 시간들이
브레이크도 없이 굴러가고
엘리베이터 문이 닫히는
순간에야
이 할아비는
대기권 밖 층층부에 떠있는
외계인이 되어버렸구나.

물밀 듯
너희를 그리워하는.

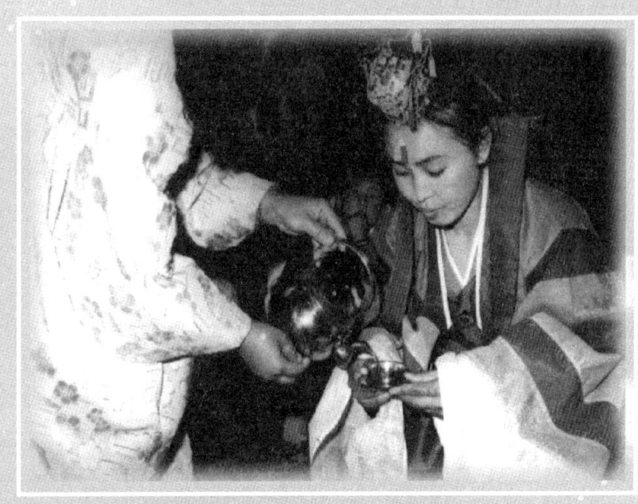

기호에 깃든 사랑

가을 단청

"풍덩"
돌 하나 무게로 세상에 던져지고 보니
대수롭잖던 물수제비의 파문은
아무리 몸부림을 쳐도
질벅한 삶의 절박함이었지.

박봉의 돛이
명퇴 물살에 찢기던 그날부터
무료급식소 꼬랭이에 선 이날까지
인력시장 풍랑을 사수해야 하는
각도 0.1이 삐끌은 간격은
백년가약도 끌어안을 수 없는
냉혹한 절대가치라는 것을
그 얼마나 갈급해 했는지.

다 놓아주자
고요히 흐느끼자 해도
녹조 끼고 곰팡이 슬어

점잔한 황새가 물고기 낚아채는
염치없는 짓들을 가슴조리고 봐야 하는
삶의 혐오스러움들이
결코 미워 할 수만도 없는
숙연함이더라는 것을
소화하는데
정강이 시큰한 예까지 왔네요.

또 가야 할 0.1
어디로 어느만큼 흘러가야 할는지.

왕숙천 가을

청둥오리
셋 다섯 여섯
시린 물결을 가르고

텃새 꿈에 젖은
외가리
차오르는 아랫도리가
갈바람에 선듯거린다.

갯 갈대 억새는
제 몸 휘어
오고 감을 출렁이고

빨강 하양 연분홍
코스모스의 짙은 추색이
살레살레 내린 물을 거스르는
송사리 떼
용천의 번뜩임은
일기당천
한 가슴 솟구치네.

가을의 문턱 입추

휘인 가지에
빼곡한 저 잎새들
바람 한 점
등목할 새참도 없이

빠듯한 살림에
…치례를 굽이굽이 저어

오는 가을 잔치에
화려하게 차려 입을 만산홍엽 한 벌
기우려고

뼈마디 우둑거리는
아픔을 걷어내는
지고지순을
외로움 중이라네.

가을 바다

산수진경의
푸른 투영은
붉고 노오란
수심 속곳을 가리지도 않았으니

산등성
삐죽 돌망의
카랑카랑한 독백은
천 길 낭떠러지
혼절도 견뎠으리.

고단한 여정에
잠시 뿌듯하여도 될
풍만함을

저 너른 가슴
잠시도 출렁이고 철썩이는
생의 역동이
울그락불그락이라네.

달동네의 가을

접힌 천막 갈피에
흙먼지 우묵져
노란 민들레꽃 강아지풀
살레살레
꽃밭 일구었네.

내 여린 가을 향수
걸음 멈추고
깊은 뿌리를 내리네.

질긴 매미소리에
뜨겁게만 살았던
끈적거림들
건건히 살펴보고

외골수에 빠졌던
저돌적 삶의 부풀림도
탈탈 털어 내어
붉게 노랗게 가을들이네.

산에서 밤을 줍는다

토실토실 영근 빛은
불알까지 새빨갛던 벌거숭이 민둥산
내 주린 배를 졸라매던
영락없는 그날의 함성

맨 땅 뒹구는 천둥벌거숭이
낙엽 뒤 숨은 벌레먹은 놈
밤 깍지에 눌러 앉은 속이 빈 놈
자리 뜰 그새를 참지 못하고
머리위로 나둥그러지는 미련곰탱이

영근 가을의 산자락에서
거저줍는 흥겨움에

내 구린 삶이
모처럼
자벌레자벌레
합니다.

도토리묵 맛

늦가을 햇살이
상수리나무를 관통하여
어른어른
색을 물들이는
산자락에서 도토리를 줍는다.

한 알의 촉감이
뚜-둑
뿌리내리는 뜨끔거림으로
전율해 오는

도토리 묵 맛에
푹 빠진 밤벌레들
줄을 선
끝자리에 나도 섰다

산의
몸부림들이 피멍들어 붉힌 산

횡재수를 집착하는
내 어색함이 주눅 들어
슬그머니
묵 맛을 내려놓는다.

가을의 사색

앙상한 가지를 부여잡은
늦가을 취기로
대롱거리는
갈잎 하나

간들거리는 저 소리는

댕그랑 댕그랑
교회 종소리로 자정하여
지는 삭정을
서리꽃으로 일으켜

흰 눈 나리는 날
언
오뎅 장수의
뜨끈뜨끈한
돋움자리로 고동치다가

적적한 겨울나기의
단조로운 꿈이라도
발라 주고
가려나.

할머니들

시든 꽃대처럼 꺾여
은행 알 주우시던
할머니들

올해는
아니 보이신다.

지난해
효험은 좀
보셨는지

은행 알들
우수수 떨어질 때마다
할머니들
그 한 해가 궁금하다.

벌초 이야기

울 할매
생전에
된바람 억센 푸성귀만 드시고
소화 못해 가슴 움키시더니
밤마다 묘뜰에 나와
응아를 보셨나.

엉겅퀴 고사리 취나물들
지천으로 꽃 피어
상큼한 풀 향기로 게우시니
생전에 못다 푼 속알이
이제는 후련하시려나

풀꽃 같은
울 할매
다정다감하신 그 사랑
먼먼 이맘때를
풀 대궁으로 웃자라

맨발로
반기시며
도라지 패랭이 할미꽃
따숩게
볼 부비시네.

태풍

간간이 바람이 스쳐가고
이따금 설쳐대는 비를 따라
먹장구름이
덧니 뻐드렁니 다 세우더니
순식간에
단단하지 못한 것들을 송두리째 훑어간다.

무례無禮한 섬 바람은
아물지 않은 실록 시퍼런데
괜한 땅 독도를
생 틈 벌리려 들고

천둥번개 히번득이는 열강의 잔혹사에 내몰린
물러터진 대한민국
똘똘 뭉쳐 단단해지라고
매정 발칙한 대형 볼라벤으로 성찰하고
느슨한 댄빈으로 마음 헤플 때
산바의 위력으로 다지는
하늘의 큰 뜻이여.

남자의 비애

노숙의 계절
맹모삼천지교孟母三遷之敎는
절대권위의 하드웨어라는데

풀죽어
가화만사성을 숨죽이는
애, 업고 가사도우미 하는 남자여

길목에서
홀라당 벗고 자유를 분탕질하는
아이 졸업식 뒤풀이는
브레이크 없이 구르는데

밥상머리 엄부지교는
사랑이 소슬하여
말없는 저 바람이 야속타 하는구나.

노인과 벽시계

마라토너의 심장박동이
뛸까 말까
4박자 호흡을 연신 고른다.
숫한 경기마다
꼴지의 완주에도 대견해 하는 만년가장

삶은 그런 것 아닐 런지
일등 한번 못해도
부자 한번 못 되도
밧대리 다할 때까지는 견뎌내야 하는 것이
초침의 순명인 것을

방전 다한 할아버지는
어김없이 건물 안으로 들어 와
눈먼 부자 한 닢 횡재하려나.
아님 곧 멈출 초침의 차표라도 사려나
자판기 반환키를 눌러보는
눈망울이
텅 비었다.

빛의 정감

옛 사람이
교감했던 빛이
광년을 건너와
오늘 나를 어르나니

청초한
빛의 실삼이
가이없는 모정을 품고
하루의 시름겨움을 부축한다.

먼 훗날에 이어 가야 할
나의 발광發光도
어느 횡성을 유유하다
이 땅 되올 때

한 겨울 날
이유도 모르는 채
떨고 있는 한 가슴이라도 따뜻이
녹여줄 수 있었음
좋겠네.

바람과 마주 앉아

외로우면
창가에 앉아
요동치는 나무들의 아우성을 들어 보라
웡웡
잎들의 술렁거림에 뒹굴다 보면
그대 외로움도 엷어지리니

외로움이 깊어지면
으아앙 으아앙
광풍노도로 목 놓아 울어보라
얼마나 외로우면
그리 우는지
그리 발작해야 하는지

벌독의 아픔만큼이나 괴롭고
계절 감기처럼 찡얼거리는지

숫한 우여곡절의 세월
엔간한 피멍 한 두 개 쯤
달고 사는 게
속 편하다 하리니.

바로 너

내 눈이 닿지 않고
내 생각이 머물지 않는
무심자연의 쉼 없는 이야기들
나와 상관없이 그냥 그렇게 흘러간다.
따뜻한 구들에 등을 누이고
책을 보거나 TV를 시청하는 동안에도
급강하 추위에
콩나물 한 시루 좌판을 편 할머니
이국의 풍토병에 생명을 담보로
생존의 역사를 애 쓰는 이들이 있고
어느 뫼 산골짝에선
폭포수가 곤두박질치고
뭇 생명들이 팔랑거리는
내가 모르는 세상이 광대무변인데
나 오늘 허울에 갇혀
옳다 그르다
으르렁 거리고만 있으니
눈이 있어도

거울에 비추지 않고는
재 얼굴의 비굴함도 흘려 지나칠 테지
갑질이 혼돈을 부르는 세태라도
위정자의 거울은 백민이고
가진 자의 거울은 못가진자이어야 하느니
그리고.

긍정과 부정 사이

새장에 갇힌 새가
내 번들거리는 눈길을 배배거린다.

이보시오!
광명천지를 다 가졌는데
새장 속까지 기웃거리시나
님이 할퀸
내 날갯죽지에 흐르는
보신의 피 냄새를 흘금거리시나요.

단 수로 이어가는 생명들은
길에 누웠어도
빵 한 조각이면
살이 가 가뿐하다는 겸양을 갖추는데
아홉수의 몸집으로
아홉 영혼이 욱신거린다. 툴툴거리시나
몸은 밖에 두어도
마음은 늘 새장 속이시겠구려.

내 비록 작은 공간에서
궁색한 몸집을 낮추고 좁히니
좁힌 평수도 널찍하여
남긴 평수로 믿음 소망 사랑을 묵상하고
기도로 채우니
몸은 새장 안에 두어도
마음은 늘 저 높은 창공을 거닐며
하늘은 스스로 돕는 자를 돕는다는
말씀을 경배하지요.

자유인 김삿갓

역사의 소용돌이 속
피안의 길에서
응어리진 삶을 삿갓에 숨기고
구름을 벗 삼아
명경明鏡하는 포효는
바람으로 거칠 것 없었네.

영월의 산중에
외로이 누워
바람지게 하는 봉분하나
기념관 속
남루한 삿갓에 죽장 1점은
자유한 삶의 흔적이요
시첩時帖들은 명걸이로세

서산 곱새잠 들고
풍류가객의 죽장으로
써 내린 시원은

현자의 울부짖음이요
탕자의 호방함에 담은
피눈물이리니

역사의 뒤안길에서
토혈의 아픔으로 써 내린
뇌성의 기개는
후학들 가슴에 청산녹수로 흘러서
시대의 바름으로 피어나네.

민속박물관

세찬 틈을 비집는 웅웅거림이
돌밭을 갈아엎을 때마다
깊은 문신으로 골 패이던
너와집
시린 삶을 지탱해 주었지

너와의 후예로 태어난 문명
연록의 봄기운이 질펀한 날
그 척박한 도구들을
박물관에서 보는 감회가 쌉싸름하다.

진열장 볼거리로 퇴화해버린
거풀같이 산 날의 유품들
용처도 이름도 생경하여
미욱한 원인쯤으로
배우고 가는 것은 아닐는지…

이 봄이 화려한 것은
억센 겨울바람의 소산이 듯
처음도 끝도 뒤란의 삶이 맺어 준
화사함이라는 것을
잊지 않았음 좋겠다.

기호에 깃든 사랑

당신과 나
처음 만나
기호=로 마주 앉아
사랑을 탐색하던 때 생각나나

먼
앉은자리가 답답해
−로 슬몃
좁혀 앉으며
사랑의 농도를 도둑질하던 때
당신 왜 가만있었나.

어느 순간에는
+−×÷의 변수로
면돗날 처럼 다그칠 땐
살얼음의 한기에
몹시도 콜록 거렸었지.

그래도 용케.

이제는
ㄴ으로 헐렁히 앉아
객쩍은 소리에도 허허거리며
만만을 펴는구려.

용서를 빕니다

거닐던 도시를 떠나
한적한 산그늘에 누워
들바람의 파동을 뒤척입니다.

조바심하는
숫한 현상들을
다시 못 올 알츠하이머강 탁류에
하나 둘 넘겨주고
텅텅 빈 외로움만 남겼습니다.

오늘이 가면
보아도 보지 않음이요 들어도 듣지 않은
미로의 생명체로
있을 것입니다

이제 더 잃어버리기 전에
미움 분노 원망
교활하고 이기적이던 사랑

심술궂게 누렸던 따스함들에
서둘러 용서를 남깁니다.
망령의 초입에서
죄송합니다.
그리고 고마웠습니다.

외로움

수수장대는
바람 따라 삭정이 종일인데.

봄꽃 아직 멀고
나비는 때가 아니런데
호사가 웬일이던가

호들 송
휘능청 가락 따라
뼈마디는 숙주된 듯

된장 맛 좋다
고추장 맛 좋다
자지러지게 펼쳐놓고 선

적막 하나
휭
던지나.

어머니 그리움에

날
꼭
껴안으시고
하염없는 빗물은
종일 발소리도 줄기찼지요.

젖은 아궁이 검버섯 피는
뜨거운 가슴이 무어길래
그리 서두르셨어요.

벌건
숯다리미 대인 응석만큼이나
저승길은 반기던지요.
잘난 사람들
쓰나미로 흘러들었을
거기 깜부기도
앵간할라구요.

이재는
빻고 으깬 도리 다 내려놓으시고
가렴 훌훌 걷으시어
올 추석엔 틀니 헐그레 끼우시고
증손주 활기찬 맛보시다가
첫눈 내릴 때
뽀득 뽀드득
홀가분히 가시지요.

천국에 살아보기

,9 ,99 ,999…
섬돌 아래 셈을 하는
바늘귀 같은 천국 문
뭇 사람이 들 수 없는 그곳이라면
사는 요량이 어찌 그뿐이더랴.

시장 어귀
호박 한 덩이
더덕 도라지 강낭콩 강냉이 수수
어지러이 펼쳐놓은
등이 휜 할머니는
몇 원 깎아주고 덤으로 듬쑥
얹어주지 않더냐.

사사오입
오답으로 정답을 셈하는
어리숙한 세상 인심
복권당첨 여윳돈도 챙겨주는 것을

살덩이여!
곰팡내 풍기는 평안 상복 벗어던지고
불안정으로 흔들거리는 쳇바퀴에 실어
필요 없는 것들 털어내
그것으로
간절한 보람이 되는
소수점도 느슨히
보자

달빛 그리움

첫눈

첫
눈
어찌 처음이라 하나
어찌 첫눈이라 할까

삶이 늘 그러 듯
되풀이 되는
그날이 그날이더라는
지루함의
속임수이던 것을

외로움이 배여
허무를 허물 듯

묵은 것의
퀴퀴함을 지워
풋풋한 희망을 설레게
채머리 떠는
첫
눈이여!

정월

싯푸른
저 소나무 손 시려울까
송송송
뽀얗게 차려입으시고

건양다경
소문만복래
환한 세상을

손주 손에
방긋이 쥐어주는
설빔

어둔
부럼을 깨고
휘영청
댓돌을 오르네.

강아지 형제들

고무락 곰지락
눈도 안 뜨인 강아지들

뭉치면 따뜻하고
떨어지면 춥다는
삶의 지혜를 익혀가는 몸짓들이
세상 살기
참 어렵다 낑낑 거린다.

낯선 얼굴들
조심하거라.
어미는 왕왕 짖어 대는데

봉인 뜯지 않은
말랑한 귀는
봄볕을 어미라 핥으네.

아침풍경

건물 위로 피어오른 햇살이
온 밤을 지새고 귀가하는
늙은 경비원의 휘청 거리는 발걸음을
부축한다.

길 위에
아무렇게나 나뒹구는
막걸리통 소주병의 덜 깬 취기를
청소부아저씨는
간밤의 어긋난 색정을 만회라도 하려는 듯
빗질이 모질다
무가지 신문을 나르는 아낙은
빗발치는 전조등 불빛도
해탈정토란다.

골반까지
희여 멀건 허벅질 비틀대며
고래고래

퍼질러대는
꼭지 새파란 여자는 무슨 사연일까

인정머리 없는 까치 놈
빈정거리는
이 아침이 떠들썩하다.

송구영신

가슴 속 웅웅거리는
슬은 곰팡내 털어내려고
바람 부는
언덕배기 하얀 눈길을 걸었습니다.

넓찍한 발바닥이
미끌 거려
느슨한 숨구멍을 오므리고
살쾡이처럼 납작 엎드려
살곰살곰 째렸지요.

새날에는 새롭자
가슴 부풀어도
삶의 무게가 고깃 값이라
하룻밤 허름히 보낼
끼니걱정이 먼저랍니다.

압복 나루에서 야곱의 환도 뼈를 치심이
인간과 신의 좁힐 수 없는 간극임을

질타하심이었나니
내 허점을 부풀게 살았던 마음가짐은
지난 것을 값해서
새날에는 주고
바람처럼 가볍게 살라는
송년의 가르침으로 듣는다.

모정의 고향

내가 낳서 생각이 여물은 이날까지
한량없는 자양분이던 토양

갱죽 한 그릇 여분이 없어
도회로 떠나야 했던 누이 그리움을
여식아들 치맛자락이나 들추고
고무줄이나 자르며
성가시게 굴던
그 자슥아들 향수가 고향 이런가

벌도 쏘고 뱀도 물고
자빠지면 개미도 무는
오줌발 길게 뻗치려다
옻 독 오지게 오른 삶 죄다
절렁절렁 원앙소리로 되울림 되는
거기가 고향 이런가

아니라오.
누룽지 똘똘 뭉치시고

국수 꽁다리 넉넉히 남기시어
턱 고인 자식새끼 먼저 챙기시며
건강하게만 자라다오. 하시던
무한사랑
내 어머니 그지없음이 고향이지요.

삶의 도식

한 뼘 세상
내가 저야 네가 즐겁다는
사랑의 변곡점
돌고 돌면
내가 네가 되고
네가 내가 되는
그 뱅뱅거림을
네 것도
내 것도
내 것이어야 한다는
산술적 도식
우리는 그렇게 살았구나.

묵향

수 천 수만 번 다잡았을
붓 끝이야 무슨 죄이랴
천의 휘둘림 솔솔 울어도 보았으리.

깜깜한 세월
억센 비바람
옴팍 젖어서
그 세월을
배냇저고리 하나로
견뎠었나
뺐었었나

연년세월을 뒹굴었을
돌덩이보다 더 가팔랐던
한 획의 오묘
백두는 장엄하고
강물은 도도하였어라.

아내의 명심보감

햇들의
짜릿한 질주 본능이 가슴 저밀 때
한 무리 참새 떼가
시야를 비집으며
순식간에 초심을 깨운다.

종횡무진 하는
지절거림 들이
내 늘어진 의식을 팽팽히 다잡으며

저래서는 안 된다
이래서도 안 된다
나른한 정오의 내 느슨함을 힐책하는

아내의 야무진 일갈이
참고 또 참아야 산다는
행동수칙을
맹렬히 전한다.

고부갈등

한치 앞도 가늠할 수 없는
잿빛 시야
부러 쉬로 밀어 봐도
늘어진 바람의 연실은
페달의 기능은 잠정 폐쇄 당하여
유지속도를 말똥거려보지만
시시때때로 끼어드는
시어머니의 킁킁거림에는
가슴이 오그라들고
매인 고리는 브레이크를 닦달한다.

핸들도
멈춤도
내 의지를 벗어나
스르륵스르륵
앞차를 빗겨 옆 차로 돌진한다.
눈을 꼭 감았다.

절정의 쾌감을
온몸으로 담아내는 며느리의 갸륵함인가
속 겹으로 화친을 이룬
잠정휴전에 든 허전함에
펑펑
눈이
하염없다.

잠들지 못하는 밤에

창가에 우두커니 서서
나뭇잎도 잠든
가랑거리는 어둠을 들여다본다.

펄떡거리던
낮의
가루지 못한 아쉬움을
코골이로 풀어내고
꼬리 흔들기도 귀찮아
무심한 발걸음을
껌벅거린다.

잠든 아내의
뒤척이는
가랑거림만이

차지 않은 밤공기를
쿨룩쿨룩
천둥친다.

헌 사람

그런 그런 옷을 걸치고
변변한 밥집을 찾아
멀건 민 된장국을 즐겨 찾으며
뻴줌 한 섬에 다가가
부스러지는
시름 한 모라도 팔아주러
애를 쓰고

허름한 책방에서
헌 지식에 파 묻혀
오늘을
머리 긁적거리는

맨 꼭대기 칸에 꽂아놓은
사다리 같은 사람

맹물 세상에
기꺼이 간물의 어깨로 괴어

동튼 빛으로 서광하는
당신은
내 배꼽입니다.

유리창에 서린 단상短想

밖 앗 추위에
부대기는
안의 오들거림들
바튼 기침소리가 핼쓱인다.

동천을 서성이는
밝음이
창밖의 사연들을
추상화로 그리시네.

해가 뜨면
스러질
흔적들을

달빛 그리움

잎 떨어진
언 마디
그리움 더 청아하다.

희뿌연 안개 걷혀지면
환희 떠오르는
나는 잇 몸살
엄마는 젖 몸살
그때도

오늘처럼
비워도비워도
노른자 한 알
종짓물에
동동 띄우셨지

칠순의 굽은 잔등도
이목구비 훤칠하다 하시는
그지없는
저 달은
내 그리움의 영시永詩

지하철 풍경

오른 자는 내리고
내린 자는 다시 올라타야 하는
인생역전의 시험장 같은
지하철 전동 칸에는 감독자가 없다
누구도 힐끔거리지 않는다.
커닝이 떳떳해도 되는
진정한 실력의 겨룸장이다
앉았거나 섰거나
달나라 보다 더 먼 행성에까지
택배를 보내거나
용한 점술가에게 물어보거나
바늘 귀 같은 한 자리를 향해
전자파 쏟아지는 핸드폰 속을
텃검불 까부르는 수험생들
고개 돌릴 짬도 낼 수 없단다.
정류장에 내려 봐도
한결같은
핸드폰 포화 속이라

내가 어디로 가는지 가야하는지
물어 볼 사람도
물어보는 이도 없다

무심히 보았네

도롯가
바람 잘 날 없는
추임이 매운 곳에
정오의 뒤틀림을
빨빨 거리며
숫한 사동차 갯물을
살래살래
말구는

쑥부쟁이
민들레 클로바…

질경질경
밟히고 있었네.

들풀아
아– 들풀아
미안 해

노숙의 계절

얼어 녹슨
배뇨의 관에
다급하게 밀려오는
황톳빛 홍수

곱은 손은
빗장 마다 고꾸라지고
움켜쥔들 어찌하리.
긴급처방도
백약이 허사로세

줄줄 세는 세상살이

그래도
가진 게 없어
속은 개운타 하네.

산행

안과 밖에
너풀거리는 외로움
한 짐 짊어지고
산을 오르네.

가파른 산중턱을 비틀어
부스러지는
낙점에서

하염없이 쏟아 붓던 땀
그건
외로움이 엷어지는
몸부림이었네.

나 오늘
울적 한 짐 지고
매콤한 세월 푹 찍어서
에덴동산의
시원을 일으키네.

솜사탕 장수

시린 도롯 가
붙박이 망부석으로
사시사철 솜사탕만 파는 사내

엄동을
동터서 해 넘을 때까지
환골탈퇴를
후둘 거리는
득천 수행 외길

이끼 낀
연년세월 얼마나 추울까

그 세월
참살이 발효하거든
동토의 얼큰한 맛
속정이나
밝혀
후세에 남기시구려.

방귀의 미학

궁벽 살이
외롬 이 사
씨앗 트는 옹알이에
시절 좋은 줄 알고 살지요

뿌우－ㅇ
뱃심 좋은 단발
이건 사내란 거푸집이 터트리는
허방한 소리

뽀－ㅇ
안으로 품어
오므리는 그 니들의
야무진 안방 호들갑이랍니다.

푸쉬－
낌새도 눈치도 없는
음험한 양반방귀엔
가시가 돋쳤답니다.

겨울 별

오수에 든 별이 따사로와
창문을 열었네.
건건한 바람이 밀려 와
내 물컹한 가슴을 말려 주었지

싱그러운 콧노래는
해 떨어진 후에도
짝사랑이 거나했지

엎질러 진 술잔에선
거무레한 10의 빙도가 쏟아져
겨울을 고슬 이던
여린 꽃들을 밤새 희롱하였구나.

얼어붙는
외로움에 치 떨었을 시간들
전자발지도 해킹되었으니

아!
꽃 들 아…

삶이 갖는 시간

무량세월을 지나
무심히 흘러가고 흘려버리는
내 생전이

더러는
간이역 플랫 홈에서
잠간씩 머뭇거리다 흘리고
어쩌다
봄 들녘의 질펀한 두엄냄새에
절래절래
외면한 시간들을 이삭 훑어
눈물로 가세어도
고작 텃검불 분량이던 것을

사는 동안
향기 없는 저 꽃
그저 지나치지 말게
막주발 트림이라도 개운다면

넌 짓이 앉아
이런저런 가슴 알이
질펀히 펴
여흥이라도 기댈 것을

조강지처

삶의 원형탈모증
가발 쓰고 헤엄 이러나

꽉 쥔 뚜껑
바람소리에 물이 새고
온전한 사랑에도
틈은 벌리네.

전전 살이
바글바글 목발 딛고
뱃살
궁궁 이는

애먼 글면 벌어진 틈에도
애고
애고지고
향기 솔솔 도타라.

귀책사유

세수를 하다
수건걸이와
실랑이를 했답니다.

비좁아서
좀 밀쳤다고
이놈
냅다 돌아서 눈 부라리네요.

됩쌀 맞아
한 번 더 "툭" 쳤지요
이놈보소
냉큼 돌아서더니
더도 덜도 모자라지도 않게
내가 용 쓴 고만큼
내 등짝을 갈기네요.

피식
내 심술보가
하도 염치없어
실소를 하네요.

산막에서

산막에서

백운개곡 산막에
하룻밤 객잠들은
고단한 코골이는 계곡 물에 출렁이고
야심한 매미소리는 잠투정을 오싹이네.

수림의 푸른 서기 아침이 불끈 솟고
늦고사리 사린 곳에 취꽃은 순박하여
송림의 자욱한 내음 동튼 빛이 말쑥해라.

아내의 세월

돌돌돌
재봉틀이 가쁜 숨을 토해놓는
바튼 일흔의 재
구부린 등 주춤주춤
뼈마디 굴신 저미는 바느질이 절뚝이네.

잘리고 틀어지는
상처의 엉김들을
기름 쳐 아물려서 한올한올 여미는
당신의 헌신과 사랑에 내 평생이 평안네.

오롯한 사랑으로
한 땀 한 땀 박음 는 당신
아닌 듯 못들은 척 바라보는 이내심정
헐거운 그대 아픈 자리 실이 될까하오

바람아 돌려다오

생체기 깊어지는 도심 살이 병이 나서
강바람 풍요로운 샛강을 외돌아 본
구환의 요산약수는 치병환생 어디런가

구원의 닻줄 움킨 가녀린 숨소리는
무채색 이 한밤 환우지중이 애닯은데
비접의 외로움 저 먼저 안빈낙도 하려드네.

사랑이란 이름

비바람
막아서서
땡볕을 가리우는

속노란
가족사랑
다져온 꽉 참인가

허드레
한평생으로
보듬는 배추겉잎

여린 풀잎으로 산다

산행 길
쉬이 가려 비탈길 접으려다
발걸음
헛디뎌 허공을 허우적일 때
갈급히
거머쥔 풀섶 내 평생을 붙드네.

봄 날

춘심이
화동하는
삼월의 버들개지

잔물결
살강 이는
봄 햇살이 가려운 듯

여한의
잉어 한 마리
꼬리 휘어 놓을 거네.

산수유꽃

여물은
망울마다
이르다 일렀더니

겨울밤
칭얼거린
외로움 얼마 길래

춘심은
잔설 아직 인데
해산진통 서두르나.

쉬엄쉬엄 가세

산 중턱 오솔한 곳
외로움 더터더터
고행 만안 잔등 땀 풀물지려 훑어갈 때
한 때의 걸터앉음이 만 근심을 달래네.

개똥참외

게걸스레 먹어치운 잡종 개 씨받이로
들 바람에 해산하여 젖 구걸로 옹근 살이
천박한 개똥참외라 이 맛 저 맛 저민 맛

북받친 서러움을 안으로 비워내고
삼복의 정붙임을 참매미 울어주니
달달한 맛의 야사野史는 개똥참욀 우러르네.

아카시아꽃

산마루 뽀–얗게 너울 이는 저 추임은
언 강가 이불 호청 물결로 늘이시는
울 엄마
시린 온밤이
꾸덕꾸덕 저리 신다.

이 밤의 외로움을 뉘라서 일까마는
달빛 한줌 어스름에 비단금침 기우 실제
홀연히
품속 파고드는
숙변의 꽃향기

희디 흰 헌순지도獻淳至道 사방 산을 붙드실 제
풀 빳빳 다짐하는 모정이 사모쳐서
나 오늘
너무 보고 싶고
너무 그립습니다.

치산치수

산봉에 솟은 나무 좌정은 수려하여
칠년 가객 매미는 선경을 읊은 다만
발가락 짓물러지는 저 물길은 어쩌나

나 어릴 적 민둥산 풀 잔디에 누었으면
여치는 찌륵 찌르르 속삭임이 따숩더니
숙어진 습한 열기는 맴맴 소리 괴이쩍네.

땅이 고스란해야 하늘도 구순 다는
뿌리 싸맬 볕 한 점의 풀섶이 간절한데
홍수에 산흙 쓸려나는 집단괴사集團壞死 가슴 죄네.

새소리가 시 한 수 물어주네

새소리 아니라면 그냥저냥 지나쳤을
가까이 품었어도 시 한수 못 건지는
이따끔 건강을 다져 올라보는 산이다

여명이 밝아오는 까막까치 지저귐은
단잠을 건드려서 피곤이 칭얼대지만
그래도 몇몇 소리는 은근하여 갸웃인다.

소리로 들을 때는 개암도 지천이 더니
바램은 어이하여 시 한수가 고작인지
신 새벽 골똘한 눈길 바라봄이 하렴 없네.

느림의 행복

산마루 바삐 올은 산경이야 좋다지만
더디게 익혀가고 다정으로 끌어주면
발등에 툭툭 떨어지는 알밤도 맛볼 것을

세월의 뒤안

뒤 돌아 본 외마디는
고해苦海의 모둠자리

푸른 등성
잡풀도 풍요롭다 어우르는

한 생애
아등거림이
불알처럼 출렁이네.

매미소리

진벌리
산 겹겹 인 적적
푸른 동네는
아파트 14층 난간도
매미의 추심구역

염천의
두근거림을

어인 셈으론지

들이는
바람도 내 놔라

빠락빠락
으름일세.

고향 흙냄새

비고인 흙탕길을
소달구지 덜컹거려
농심이 거름 지던 고향 집 마당가에
이농離農의 썰렁한 취기에 풀 더미는 쑥쑥일세.

메뚜기 포르르던
논두렁 밭두렁에
개구리 간데 없고 농약냄새 비린데
노인이 경운기 몰고 해 종일 밭을 가네.

우리 애 똥 쌌데이
워리 워리 얼렁 오너라던
통통한 울 어무이 잔정어린 생소리를
저 솔에 부는 바람은 기억이나 하려나

농부의 노래

잔기침 콜록이며 겨울 밤 옹종이다
땅 밑 조갑증이 잔설을 망울 트면
춘풍을 쟁기 걸어서 농부는 밭을 가네.

백두에 불꽃 튀는 백팔번뇌 쟁기소리
해탈 심 깨우치려 고해를 버석이며
종소리 뎅겅 뎅그렁 파종하는 저 농부

뇌성의 빈 그릇에 땀방울 쓸어 담아
열대야 더운 밤에 보듬어 틔운 씨앗
만추에 굽은 잔등 펴 농자대풍 이루네.

청정계곡

왕피천 수하계곡 품은 산경 첩첩이라
까마귀 무리지어 풍운風雲을 넘나들고
새까만 어둑 하늘은 반딧불이 별천지

빼죽는 기암괴석은 물결에 몸을 담고
모난 가슴 우려내어 흐름을 맞잡으니
닳은 결 매끈하여서 다슬기를 품었네.

*왕피천 : 경북 영양군 수비면 수하리 에 있는 계곡

정월 보름 달

넘어져 맺힌 멍울 부럼으로 가라앉혀
달빛 한 아름 퍼다 애증지애 군불 지펴
발갛게 불꽃 가렴이는 너도야 달떠라

신의 실수

달빛에 심지 달아 그을음을 길쌈삼고
삼복더위 이랑 파서 다랑 논 물을 대는
저제도 삼백예순날 육자배기 개우더니

매캐해 개운 살이 안팎 분단장하고
일자리 낙수저서 전업한 프리랜서
이제도 서성거리는 인력시장 떨뱅이

첨단기계 수월어도 기계에 웃음 없네.
쟁인 물목 땡처리로 적자생존 기웁는
막나 간 사이보그성형 창세기 다시 쓰나

통일의 작은 물길

남과 북 이념 따라 갈라선 예순 두해
섬 바람 대륙풍은 생트집이 사나운데
배달 혼 백의정신을 흩이는 자 뉘던가.

너와 나 마음열고 형제 애 지피어서
모두가 자유롭게 마실가는 이웃으로
통일로 뜻 모아가는 우리염원 어딜까.

금강산 개성공단 입소문 자진가락
태풍을 테이프로 소소히 여며주니
바라던 화합의 화음 유리창이 탄탄네.

마애삼존불의 미소

꽃바람 안아주니 찬 서리 더웠을까
육백년 자죽마다 안김은 쉬웠으리.
부처님 자비한 미소는 모자람이 없어라

겹벗 꽃 흩날림은 삼천궁녀 낙화련가
계륵의 삼 충신은 충절이 곧았으리.
반월정 깃든 낙조는 세태만안 보듬네.

광활한 빛의 들녘 생동의 몸짓인 듯
파란 서해갯벌의 살가운 물빛들을
무량의 소담함으로 반겨주는 미소여!

〈금동춘 제2시집 서평〉

영혼의 평안과 교감하는 자성과 실존의 미학

문학박사 이 광 녕

영혼의 평안과 교감하는 자성과 실존의 미학

문학박사 이 광 녕

금동춘 시인은 말수가 적고 과묵한 시인이다. 일찍이 이율곡 선생이 자경문(自警文)에서 '심정자언과(心定者言寡)' 라고 하였는데 이는 바로 금동춘 시인을 두고 하는 말 같다. 금동춘 시인은 말수가 적은 대신 그의 작품세계 내면에는 시샘의 폭이 무변광대하고 그 표현 또한 꾸밈없이 자유분방하고 거침이 없다.

작가가 진정 글을 잘 쓰기 위해서는 한 인격체요 문인으로서의 바탕과 소양과 넓은 안목이 있어야 한다. 금동춘 시인은 이런 면에서 매우 안정되고 출중한 품격을 갖춘 작가이다. 경찰 출신에다 유도로 단련된 우직한 외모에서 어찌 그런 세미한 감성과 필력이 솟아나오는 것인지 그저 놀랍기만 하다.

금동춘 시인은 2011년에 〈버려진 그들과의 화음〉이란 제1시집을 낸 바 있다. 당시에도 금 시인은 인생 경륜에서 체험한 생활주변의 사연들을 천부적인 감성과 예지력으로 시심을 투사하여 진솔하게 엮어 놓은 바 있다. 이번에 상재하는 제2시집 〈빗물은 고랑을 타고〉은 첫 시집 때와는 좀 다르게 사물을 꿰뚫어보는 안목과 지성이 한층 업그레이드된 모습이며, 만년에 들어선 인생 초월자의 모습으로 달관자의 심경에서 읊은 것들이 많다는 점이 특징이다.

아름다운 시심은 인생을 꽃피우는 하나의 샘물이며 그 표현의 집적

체인 시집은 인생의 참 나이테요 족적이다. 일찍이 금동춘 시인은 경북 영양 시골에서 태어나 갖가지 곤궁함을 다 겪어낸 후, 영적 수양으로 극기하면서 갖은 인생 시련을 다 이겨낸 인간 승리자이다. 말수가 적은 금시인은 입과 머리보다는 눈빛으로 가슴으로 말하는 작가이다. 그의 작품 세계에 나타난 특징을 대표작 중심으로 살펴보기로 한다.

1. 시적 대상에 신선한 찬미의 이름표를 붙이다

작가가 사물을 대함에 있어서는 그 사물의 속성을 먼저 떠올리게 된다. 어떤 물건을 대하면 그 물건이 어떤 사람의 유형과 비교될 수 있으며, 어떤 유사성이 있는지 유추해 보게 된다. 이러한 현상은 소위 문학에서 '비유'라는 문학적 기법이 글 가운데서 얼마나 대상의 적합한 표현으로 활용되고 있는지 살펴보게 된다. 시인은 관찰된 시적 대상에 의미 부여의 이름표를 붙여주는 사람이다. 버려진 사물일지라도 시인이 비로소 어루만져주고 교감하여 찬미의 이름표를 붙여줌으로써, 그 사물은 다시 태어나 의미 있는 존재가 된다.

> 여린 너의 볼따귀 / 살짝만 스쳐도 상처 날 것만 같아
> 바라만 보았지
>
> 하낫 둘 선창에 / 셋 넷 후렴하는 입학식 대열
> 열 밖으로 삐져나와 / 개나리반 줄에 서던
> 그 아이
>
> 이 봄이 아직은 천방지축이라
> 꽃샘이 시려도 / 생글거리는 네 모습은
>
> 어디에 서던 / 채색하여 봄을 보드랍히는
> 진달래 꽃 아니겠니.
>
> —「진달래꽃」 전문

작가는 표현하고 싶은 대상이 뇌리 속에 곡진하게 각인되어 있을 때, 그 대상에 대하여 더욱 선명하게 감성의 색깔을 칠한다. 이 글에서 화자가 떠올리고 있는 '너'는 과연 누구인가? 작가는 물 흐르는 듯한 유유한 필력으로 천진난만한 여린 모습을, '봄을 보드랍히는' 진달래꽃에 비유하고 있다. 어떻게 이렇게 우직한 사나이의 가슴에서 세미한 음성과 보드라운 감성이 솟아나올 수 있을까?

객관적 상관물의 존재적 가치는 사물을 보는 작가의 개성이나 인생관에 따라서 그 높이가 달라진다. 시인이 어떤 사물을 관조하고 자기만의 눈높이 잣대에 따라 어떻게 찬미하고 어떻게 묘사하느냐에 따라서 그 의미 부여의 농도에 차이가 나는데, 이 글에서는 여리고 생글거리던 그 아이의 모습에 농도 짙은 찬미의 이름표를 붙여줌으로써 정감이 가고 큰 감명을 준다.

수 천 수만 번 다잡았을
붓 끝이야 무슨 죄이랴
천의 휘둘림 솔솔 울어도 보았으리.

깜깜한 세월 / 억센 비바람
옴팍 젖어서 / 그 세월을
배냇저고리 하나로
견뎠었나 / 뻤었었나

연년세월을 뒹굴었을 / 돌덩이보다 더 가팔랐던
한 획의 오묘
백두는 장엄하고 / 강물은 도도하였어라.

– 「묵향」 전문

보드라운 감성에서 나오는 세미한 음성은 사물의 특징을 관찰하는 데서부터 나온다. 묵향은 언제 만나도 그윽하다. 그 속에 선비의 한과 애환 그리고 꿈이 서려 있다. 그런데 그 묵향의 정서를 휘두르는 것은 천지조화를 불러일으키는 날렵한 붓끝이다. 그것은 때론 백두처럼 장엄하게 때론 도도히 강물처럼 유연하고 힘차다.

작가는 이러한 묵향예술의 특징을 잘 알고 있으며, 시상의 전개도 마치 일필휘지 붓끝을 휘두르듯 거침없는 필치로 일관하여 독자들에게 신선감을 제공해 주고 있다.

2. 영혼을 깨우는 자성(自省)과 실존 의식

금동춘 시인의 작품 세계는 일반 시인들에 비해 심오하고 무변광대하다. 그만큼 떠오른 시상에 대한 상상력과 추론의 폭이 크고 깊다는 이야기다. 작품에 사용되는 각종 시어(詩語)의 차용도 낯설고 생경한 것에서부터 일상적인 것까지 다양하고 변화가 많다. 이러한 현상은 금시인만이 가지고 있는 문학적 영감과 언어 재능의 탁월함도 있겠지만, 무엇보다도 험난한 인생을 살아온 그의 경륜과 역경에서부터 우러나온 사고의 확장이 시상의 폭까지 넓게 해준 것으로 짐작이 된다. 그는 즉감적 감성적으로 달구어진 시어를 휘둘러 영혼을 깨우는 자성과 실존의식을 잘 드러낸다.

한 줄기 빗물이 / 첫발 딛은 거기
그 땅의 생김새대로
한 주름 / 두 주름 땀샘 접어가리라.

솟구치는 / 객기를 고소공포증 난간에 달고
졸졸거리는 / 소갈머리 헤집어서
똥 귀저기 / 땟국물 다 털어내어

솔방구리 말똥구리
헐은 상처 / 햇살 한 줌 발라

첩첩 산중 물이 / 망망대해를 거느리듯
낮 뜨거운 몰염치 / 뿔난 옹벽도
거칠게 / 으깨리라

– 「빗물은 고랑을 타고」 전문

금시인은 인생 고해의 강을 건너온 능숙한 언어의 조련사다. 그가 걸어온 인생역정이 그만큼 험난하고 변화난측했기에 그의 작품세계는 인생 달관자의 모습으로 자성과 실존의 철학이 넘나든다.

「빗물은 고랑을 타고」에는 부질없는 아집과 객기와 편협된 자아를 떨쳐버리고 '빗물'처럼 타고난 대로 생김새 따라 순응하면서 살아가고자 하는 강렬한 소망을 적합한 시어들을 사용하여 재치 있게 표현하였다. 땟국물 다 털어내며 소박하게 햇살 한줌 발라 빗물 같이 강물 같이 흘러가면서 못된 뿔난 옹벽은 거칠게 으깬단다.

이 글에는 현실적 자아에 대한 성찰과 실존의식, 그리고 그에 따른 작가의 의지와 인생관이 잘 드러나 있다. 작품에 쓰인 시어나 비유의 농도도 강하고 적합하여 주제성이 강한 시, 좋은 시로서의 면모를 갖추고 있다.

새장에 갇힌 새가 / 내 번들거리는 눈길을 배배 거린다.

이보시오!
광명천지를 다 가졌는데 / 새장 속까지 기웃거리시나
님이 할퀸 / 내 날갯죽지에 흐르는 / 보신의 피 냄새를 흘금거리시나요.

단 수로 이어가는 생명들은 / 길에 누웠어도
빵 한 조각이면 / 살이 가 가뿐하다는 겸양을 갖추는데
아홉 수의 몸집으로 / 아홉 영혼이 욱신거린다. 툴툴거리시나
몸은 밖에 두어도 / 마음은 늘 새장 속이시겠구려.

내 비록 작은 공간에서 / 궁색한 몸집을 낮추고 좁히니
좁힌 평수도 널찍하여 / 남긴 평수로 믿음 소망 사랑을 묵상하고
기도로 채우니
몸은 새장 안에 두어도 / 마음은 늘 저 높은 창공을 거닐며
하늘은 스스로 돕는 자를 돕는다는 / 말씀을 경배하지요

–「긍정과 부정 사이」 전문

이 글을 읽으면 프란츠 카프카의 소설 〈변신〉이 떠오른다. 〈변신〉은 비현실적인 것을 현실 속의 사실로 설정하여 인간의 내면 불안과 고독감을 잘 그려낸 실존주의적 작품이다. 그런데 금 시인의 이 작품에서 '새장 안에 갇힌 새'에게로 감정이입 되어 둔갑하게 되는 관찰자 '나'는 벌레로 변해버린 카프카 소설 속의 주인공 그레고르의 입장과 유사하다.

이 작품은 모순과 욕심덩어리로 가득 찬 현실세계에 던져주는 멧세지가 강한 인상을 풍긴다. 작가는 안분지족(安分知足)할 줄 모르고 허황된 욕심을 부리는 자아와 현대인들의 삶을 의식하고 자성하면서 겸양(謙讓)과 순천(順天)의 태도를 강조하고 있다. 금 시인의 말과 같이 현대인들의 삶의 태도는 몸은 낮추어 새장 안에 두고 마음은 늘 저 높은 창공을 거닐어야 할 것이다.

주제의식의 반영을 위한 작품의 공간 설정이나 시어의 차용도 적합하여 매우 의미 있는 시로 평가된다.

3. 영성과 지성의 여울목에서

현대인들은 전통적 사고의 패턴과 실존적 현실 사이에서 인식과 사고의 충돌을 느끼며 살아간다. 무엇이 옳고 무엇이 그르며 어느 쪽을 따라가야 하는가는 오로지 현대를 살아가는 각자의 판단 몫이다. 그러나 분명한 것은 육신의 문제보다는 영적인 문제, 물질의 문제보다

는 정신적 문제가 앞서야 한다. 그래서 겉으로 드러난 표상보다는 본질의 문제가 먼저이기에 감성은 지성에 의해 극복되고 지성은 영성으로 극복되어야 한다.

인간이 설정한 '진리' 라는 것은 영원할 수 없다. 가치 기준이 바뀔 때 그것은 언제라도 바뀔 수 있는 진리다. 금동춘 시인의 여러 작품 속에서는 이러한 현대인의 고뇌와 의식의 갈등이 표출되고 있다.

오뚝한 코 / 봉긋한 가슴
실리콘의 탱탱한 발상은 / 애교롭더니

급속한 지구 온난화의 부음이 / 발라내고 끼워 넣는
추상적 한계까지도 넘는 / 탐미적 외형주의가

자아를 / 통째로 바꾸는
개똥별 줄기세포와 전자 칩의 동침은
혼외정사의 창생까지도 뻗쳤으니

태생적임을 역습하는
"예뻐야만 산다." / 는 정론이 허구라는
진화와 창조
그 모호성이 공생을 나누자네.

– 「성형연가」 전문

이 글은 시상의 전개가 하나의 문장으로 이어져 있어 '문장 성형' 의 필요성을 느끼지만, 전체적인 주제 의식은 선명하다.

내면의 치장보다는 외면의 치장에만 관심을 두는 현대인은 탐미적 외형주의가 대세다. 작가는 속사람보다는 겉사람만을 추구하는 세태 풍조를 일갈하면서 창조론과 진화론, 그리고 자연론(自然論)과 인위론(人爲論) 사이에서 혼란을 겪으며 그 모호성이 공생하자는데 의아심을 드러내고 있다.

일그러진 얼굴, 예상치 못한 안면 상해(傷害), 보기 흉한 반점이나 고질적 피부 질환 등, 현대인들은 크고 작은 의술에 의존하여 많은 사람들이 그의 육신에 손을 댄다. 창조 원리의 본질을 벗어나지 않은 범위 내에서, 원만한 사회생활을 영위하기 위한 성형이라면 '성형과의 공존공생의 논리'도 긍정적으로 생각할 필요가 있으며 합당하다 생각된다.

평등한 진리를 외침이여!
정각한 표본이 / 또 다른 부정의 칼날이 되어서는
아니 되네

물의 탯줄이
위로 솟구치지 않고 / 낮은 곳을 지향할 때

모난 곳에서 갈라서고 / 필연코 다시 모아지는
하나를 지향하는 / 슬기로움이었다는 것을

우리 / 그래야
함께 모여 살 수 있음을 / 잊지 않았음 좋겠네.

– 「공존의 셈법」 전문

노자에 '상선약수(上善若水)'라 하였는데, 금 시인은 흐르는 물 같이 성격이 원만하고 겸양의 미덕이 흘러넘치는 인품이다. 물은 언제 어디서나 낮은 곳으로 흘러 겸손의 덕을 의미하고, 생명 탄생의 근원이며 만물을 정화시켜 주니 물의 덕이야말로 최고의 경지다. 또한 낮게 흐르고 흘러 한 군데로 모여 큰 바다를 이루니 공생공존이 최고의 덕이다.

작품 「공존의 셈법」은 '공존'의 지향점으로 귀결된 금 시인의 대인관과 사상적 배경을 잘 보여 주고 있다. 모난 곳에서는 서로 갈라서지만 낮은 자세로 물처럼 다시 모이면 하나를 지향하게 되며 함께 살아갈 수 있다는 작가의 지성과 염원이 잘 드러난 시이다.

4. 향수어린 그리움의 귀거래사

금동춘 시인의 고향은 경북 영양이다. 그는 그의 인품과 작가적 성향으로 볼 때, 세상 번뇌를 다 떨쳐버리고 초야에 묻혀 농경과 글쓰기에 열중하는 선비 스타일이 제격이다. 평범하고 온화한 성품에 세상 탐욕이 없고 은일의 세계에 들어가 청아한 목소리로 이상향을 노래하는 전원시인이 바로 그이다.

빗물 괸 흙탕길을 / 소달구지 덜컹거려
농심이 거름 지던 고향 집 마당가에
이농(離農)의 썰렁한 취기에 풀 더미는 쑥쑥 일세.

메뚜기 포르르던 / 논두렁 밭두렁에
개구리 간 데 없고 농약냄새 비린데
노인이 경운기 몰고 해종일 밭을 가네.

우리 애 똥 쌌대이 워리워리 얼렁 오라던
통통한 울어무이 잔정어린 생소리를
저 솔에 부는 바람은 기억이나 하려나

– 「고향 흙냄새」 전문

이 글은 3수로 이루어진 현대시조이다. 1수에서는 고향집의 무상감을, 2수에서는 시골 논밭의 변화된 모습을, 3수에서는 어머니에 대한 그리움을 토로하였다. 시상의 전개로 보아 '고향집 → 전원 모습 → 어머니'로 이어져 있어 선경(先景) → 후정(後情)의 전형적 양상을 띠고 있다.

오랜만에 들러본 고향집, 세월은 덧없이 가고 시절이 하수상하니 요즘엔 메뚜기 개구리도 사라지고 산천은 파헤쳐져 옛 모습은 찾을 길 없고 인걸도 인정도 간 데 없어 그저 무상감만 흘러 실망하다가 발길을 돌리고 만다. 그러나 '수구초심(首丘初心)'이란 말이 있듯이, 눈 감기 전까지는 그래도 흙냄새 나는 고향을 또 그리워하는 게 인지상정이니 어느 시인인들 그 향수를 놓칠 리야 있겠는가?

잔기침 콜록 이며 겨울 밤 옹종이다
땅 밑 조갑증이 잔설을 망울 트면
춘풍을 쟁기 걸어서 농부는 밭을 가네.

백두에 불꽃 튀는 백팔번뇌 쟁기소리
해탈 심 깨우치려 고해를 버석 이며
종소리 뎅겅 뎅그렁 파종하는 저 농부

뇌성의 빈 그릇에 땀방울 쓸어 담아
열대야 더운 밤에 보듬이 틔운 씨앗
만추에 굽은 잔등 펴 농자대풍 이루네.

— 「농부의 노래」 전문

이 시조에는 세상 무욕의 경지에서 해탈하며 쟁기질하는 농부의 삶의 모습이 잘 드러나 있다. 농사를 안 지어 본 사람이 어찌 이런 시상으로 작품을 창작해 낼 수 있겠는가?

농경사회를 보고 자란 금 시인이기에 이 글에서 땀 흘려 밭을 갈고 씨 뿌리는 행위는 시인이 공을 들여 시를 쓰고 그 작품의 결과를 기대하는 것과 상통한다. 예로부터 이러한 생각은 전원에 낙향한 선비의 안중에서 수없이 넘나들었을 것이다.

이 시조에서 '보듬어 틔운 씨앗'은 창작행위에서 갓 태어난 시 작품일 터이다. 그리고 '농자대풍'은 심혈을 기울여 창작해낸 풍성한

수작(秀作)들과 비유될 수 있으니 이 시조에 생명력을 더해주고 있다.

파닥거리는 / 새가슴에 산을 포갭니다.

잣방구리 개암이 / 툭툭 영그는
청빈한 외솔 골 / 바람이 어르다
애기똥풀에 잠이 스는

더덕 도라지도 / 더러 횡재하고
고래 백상어가 펄떡이는 / 그 산이
빽빽함의 덫에 갇혔다.

오늘 / 한 모금 해갈의 분량만큼
풀밭에 누워 파란하늘에
풍덩 날개 펴는 / 민둥산
그 산이 그립다.

– 「민둥산 회심」 전문

세월이 흘러가면 지나간 것은 다 그리워진다. 그것이 즐거운 일이었든 힘겨운 일이어었든... 특히 고향과 관련된 추억들은 언제 어디서나 들어도 또 다시 그리워진다.

필자와 금 시인은 동갑내기로서 유아시절 6.25 사변의 참상을 겪었다. 전쟁의 상처는 너무나 커서, 전후 이 나라의 산천은 말할 수 없이 황폐하였고 백성은 극심한 굶주림과 추위에 떨어야만 했다. 마땅한 땔감이 없어 산에 올라 가랑잎과 삭정구는 보이는 대로 죄다 끌어다 땠으며, 그것도 모자라 산림간수의 눈을 피해 나무 밑둥의 등걸과 풀포기까지 뿌리째 마구 채취하는 바람에 결국 산들은 다 벌거숭이가 되었다. 필자의 경우, 1.4후퇴 피난길에는 눈보라 추위를 참지 못해 청솔가지를 꺾어다 불을 땐 적이 있었는데, 그 때 생솔 타는 냄새와 꾸역꾸역 솟아오르던 연기의 추억이 지금도 어렴풋하게 떠오른다.

윗글 「민둥산 회심」에서처럼 배고픈 아이들은 민둥산을 누비며 그나마 숨어 있는 더덕이며 도라지로 허기진 배를 달래곤 하였다.

지금은 상전벽해 되어 발을 들여놓기조차 어려운 울울창창한 숲의 산… 녹음이 우거져 생태계가 다시 활력을 찾은 건 참으로 다행한 일이지만, 푸르른 날개를 달고 이 산 저산 민둥산 자락을 누비던 동심의 추억은 세월의 희미한 뒤안길로 사라져버렸으니, 금 시인으로서도 그립고 아쉬운 마음 감출 수 없었을 것이다.

5. 인생의 회한과 순명의식

인생의 참 행복은 언제나 꿈과 현실로 평가된다. 꿈은 늘 밝은 얼굴이지만 현실은 대개 어두운 표정을 짓는다. 그러나 인생의 참 가치와 행복은 느끼는 자의 눈높이나 가치관에 따라 다르니 겉으로 드러난 '행복지수'는 사실 허수에 불과하다. 마음먹기에 따라 불행은 행복이 되고, 행복도 불행이 된다. 그래서 노자에 '화혜복소의(禍兮福所倚)'며 '복혜화소복(福兮禍所伏)'이라 하였다.

우리 앞에는 언제나 새로운 다리가 놓여진다는 걸 잊고 살아가지는 않았는지 반성해 봐야 한다. 다리 저편에는 새로운 꿈의 무대가 펼쳐져 있기에 우리는 힘겹지만 긍정적인 가치관을 허리에 차고 고해의 다리를 건너가야 한다.

인생 고해의 다리는 너무나 힘겹고 풍랑이 심하여 건너기 어렵다, 그러나 금 시인은 이러한 실존 앞에서 머뭇거리고 갈등하고 있는 자아를 발견하고 늦은 후회를 하면서, 순명(順命)의 용기로 자아를 위로하며 현실을 극복하려고 애쓰고 있다.

대팻밥으로 깎이는 / 내 할애 받은 시간들
먼 산 바라기로 녹슬어 / 푸석거린다.

고갯마루 나무는 / 드센 바람의 토악질에도
흥을 돋워
가지 몇 뚝 잘랐어도 / 노익장이 웅장하다는데

내 자유로움이 / 무어 부족하여
멈칫거리기만 하나

험한 빙산 거센 풍랑 까짓 거야
소잔등에 올라 / 원앙소리 쩌렁쩌렁
고삐 움키면 / 내 비곗살도 헐거울 것을

– 「늦은 후회」 전문

작가 금 시인은 남은 인생을 "할애 받은 시간"이라 조심스럽게 칭한다. 그러나 비록 녹슬어 푸석거리는 존재이지만, 고갯마루 노익장을 자랑하는 나뭇가지를 닮아가려 애쓰며 머뭇거리는 자신을 채찍질하고 있다.

금 시인은 인생 고락의 경륜이 많고 사유의 깊이도 크고 심오하며 긍정적인 사고를 지닌 영적 소유자이다. 그러기에 그는 「늦은 후회」를 통하여 세상적인 허울을 벗고 소잔등 타고 원앙소리 울리는 평범한 범부로 돌아가 고삐를 바짝 움켜쥐면, 인생길에 어떤 빙산이나 거센 풍랑이 닥쳐와도 끄떡없이 이겨낼 수 있다고 토로하고 있다.

마라토너의 심장박동이 / 뛸까 말까
4박자 호흡을 연신 고른다.
숫한 경기마다 / 꼴지의 완주에도 대견해 하는 만년가장

삶은 그런 것 아닐는지 / 일등 한번 못해도

부자 한번 못 되도 / 밧데리 다 할 때까지는 견뎌내야 하는 것이
초침의 순명인 것을

방전 다한 할아버지는 / 어김없이 건물 안으로 들어 와
눈먼 부자 한 닢 횡재하려나. / 아님 곧 멈출 초침의 차표라도 사려나
자판기 반환키를 눌러보는 / 눈망울이
텅 비었다.

– 「노인과 벽시계」 전문

이 글에는 작가의 순명의식이 잘 드러나 있다. '꼴지의 완주에도 대견해 하는 만년가장', '일등 한번 못하고 부자한 번 못된' 존재이지만, 밧데리 수명 다할 때까지 견뎌내야 한다는 의지가 시상 전개의 골간을 이루고 있다. 하지만, 때가 되어 수명을 다하는 순간이 오면 곧 멈출 초침의 차표를 사야한다는 순명의식이 노인답고 초월자답게 제시되어 있다.

순명과 운명은 다르다. 순명은 하늘의 명령에 능동적으로 순종하는 것이고 운명은 예측이 불가능하며 인간의 힘으로 어쩔 수 없는 불가항력적 필연의 결과를 말한다.

인생은 다듬고 만들어가는 것이지만, 그 길은 한편 정해져 있기에 운명을 피할 수는 없다. 그러나 지성이면 감천이라 하였듯이, 금 시인은 밧데리 다할 때까지 최선을 다하여 순명하면서 진인사대천명(盡人事待天命)의 자세로 운명에 대처하면, 축복의 미래는 도래할 것이라 굳게 믿고 있다.

지금까지 금동춘시인의 제2시집 원고 〈빗물은 고랑을 타고〉에 상재될 원고들을 읽고 그 대표가 될 만한 시들을 선정하여 개괄적으로 시평을 하였다.

작가 금동춘 시인은 신앙인으로서 그 품성이 조용하고 겸손하며 긍

정적 사고를 지닌 영적 리더이다. 시인으로서 시 창작에 있어서도 남다른 열정과 습작으로 모범을 보여 '작시의 달인', '언어의 조련사'라는 별칭이 붙어 있다.

이번에 상재되는 제2시집 〈빗물은 고랑을 타고〉에는 영혼의 평안과 교감하는 자성과 실존의 미학이 중심을 이루며, 자아성찰을 바탕으로 한 상징적 비유와 풍자적 기법이 두드러지고 농축된 인생 경륜이 사금파리처럼 반짝반짝 빛나서 큰 감명을 준다. 이 시집을 통하여금 시인 특유의 해맑은 영혼의 목소리가 독자들의 심금을 울려서 잠든 영혼들을 흔들어 깨워 주리라 믿는다.

빗물은 고랑을 타고

인쇄일 | 2016년 1월 11일
발행일 | 2016년 1월 11일

지은이 | 금동춘
펴낸곳 | 도서출판 조은
발행인 | 김화인
편집인 | 김진순
주소 | 서울시 중구 을지로20길 12 대성빌딩 405호
전화 | (02)2273-2408
팩스 | (02)2272-1391
출판등록 | 1995년 7월 5일 등록번호 제2-1999호
ISBN | 978-89-94329-74-1
정가 | 12,000원